Beschreibung

Planen – Organisieren – Ziele setzen und erreichen!
Jeder stellt sich die Frage, wie man seinen Tag möglichst gut organisieren kann. Vor allem dann, wenn man viel vorhat, ist es wichtig, eine Struktur in die Aufgaben und Vorhaben zu bringen. Diese Anleitung zeigt Schritt für Schritt den Umgang mit einer neuen, kreativen Planungsmethode. Die klassische unstrukturierte To-do-Liste hat ausgedient.

Der *MindmapWochenPlaner* kombiniert das Beste aus verschiedenen Planungstools: Mindmap, Tageskalender und eine tägliche und wöchentliche Rückschau. Mithilfe der übersichtlichen Wochenlandkarte gewinnt jeder ziel- und ergebnisorientierte Planer den Durchblick zurück, um den Tag und die Woche mit den wichtigen Dingen zu füllen und diese auch umzusetzen.

Immer neugierig und interessiert sein und sich neue Ziele setzen – darum geht es, wenn man vorankommen will. Und auf diesem Weg ist die neue Methode des *MindmapWochenPlaners* ein wertvoller Begleiter.

Über den Autor
Michael Zankl stammt aus der Straubing, Bayern. Als Ingenieur und IT-Manager hat er vor allem im beruflichen aber auch im privaten Bereich verschiedenste Planungs- und Organisationshilfen erlernt, diese angepasst und daraus eigene Methoden entwickelt. Mit dem vorliegenden Tool möchte er seine Erfahrungen auch an Andere weitergeben und so praktische Lösungen für den täglichen Planungsalltag bereitstellen.

MindmapWochenPlaner

Das kreative Planungswerkzeug für deine
Tages- und Wochenplanung

Michael Zankl

Michael Zankl:
MindmapWochenPlaner

© Copyright 2019 Michael Zankl Verlag, Wiesenfelden
Alle Rechte vorbehalten
1. Auflage Februar 2019
Umschlagmotiv: light bulb icon, Adobe Stock
Umschlaggestaltung, Layout und Satz: Michael Zankl
Bilder und Illustrationen: Michael Zankl
Lektorat: M. D. Frisch, T. Gareis

Für meine Eltern:

„Danke, dass ihr mir dabei geholfen habt, der zu werden, der ich bin."

Lernen ist Erfahrung.
Alles Andere ist einfach nur Information.

(Albert Einstein)

Inhaltsverzeichnis

Einleitung	**14**
Wo liegt das Problem?	14
Warum kommt es dazu?	15
Wie wirds gelöst?	16
Wer profitiert von dieser Methode?	18
Analog statt digital	19
Zu Beginn:	
Die Ergänzung zur Methode	**22**
Die MindmapWochenPlaner-Praxis-Box	22
Die WochenMindmap-Karte	24
Die Tageskalender-Karte	25
Die Schutzhülle	26
Die Aufbewahrungsbox	27
Schritt Eins:	
Die WochenMindmap erstellen	**29**
Beginne mit der WochenMindmap	29
Vorteile der Mindmap	30
Mit Alex zum Ziel!	32
Aufbau der Mindmap	33
Die Hauptäste der Mindmap	35
Erschaffe deine Struktur	36
Bring Farbe ins Spiel!	37
Die Einzelaufgaben	38
Nachträgliches Ergänzen? Kein Problem!	40
Der Plan steht!	41

Schritt Zwei:
Die Prioritäten der Woche — 43
Das Eisenhower-Prinzip — 43
Die „bessere" Eisenhower-Variante — 45
Prioritäten in der WochenMindmap vergeben — 49

Schritt Drei:
Den Tageskalender füllen — 51
Starte mit der Tagesplanung — 51
Deine Termine — 52
Die Königsdisziplin: deine Aufgaben — 54
Immer nur ein Tag — 55
Nur drei Dinge — 56

Schritt Vier:
Die Prioritäten des Tages — 57
Eins, zwei, drei: die Reihenfolge deiner Aufgaben — 57
Das M.I.T. – das Most-Important-To-do — 59
Nummer 2 und Nummer 3 — 60

Schritt Fünf:
Anpacken und abhaken — 61
Nach dem Planen kommt das Machen — 61
Abhaken und die Zufriedenheit genießen — 63
Maßvoll weiter planen — 65
Festgelegt ist festgelegt — 66
Weniger ist mehr — 67

Schritt Sechs:
Resümee – die TagesSicht und die WochenSicht   69
    Die TagesSicht – immer wieder aufs Neue lernen   69
    Die WochenSicht mit der Mindmap-Karte   74
    Dein Lern-Archiv   75

Über das „Zu-viel-wollen"   77
    Wir wollen zu viel!   77
    Entwickle realistische Erwartungen   78
    Der richtige Umgang mit Ungeplantem   79

Die Grenzen der Methode   83
    Was der MindmapWochenPlaner nicht leisten kann   83
    Begrenzter Platz bedeutet Fokussierung   83
    Konzepte für umfangreiche Planungsthemen   84
    Die Stärken des MindmapWochenPlaners   85

Das Wichtigste ist deine Entwicklung   87
    Bleib dran und werde kreativ!   87
    Der ‚Planen-Machen-Abhaken-Lernen' – Kreislauf   88
    Werde zum „Abhaker"   90

Quellenangaben   93

Abbildungsverzeichnis   95

Ein Dankeschön   96

Dein Feedback   97

Vor der Einleitung –
... die Sache mit dem „Du"

In dieser Anleitung verwende ich die *Du*-Form. Das mag auf den ersten Blick respektlos und forsch wirken. Mir geht es aber dabei nicht darum, meinen Lesern mangelnden Respekt zu zeigen. Das *Du* soll vermeiden, zu viel Distanz aufkommen zu lassen.
Ich möchte ganz konkret, dass du die Schritte des Leitfadens persönlich umsetzt und anwendest. Und darum habe ich bewusst das *Du* gewählt.

Für all diejenigen unter Ihnen, die das Siezen passender finden: Einfach das *Du* im Text gedanklich durch ein *Sie* ersetzen. Dann passt das *Du* auch für Sie.

Einleitung

Wo liegt das Problem?

Hast du es satt ...

> ... getrieben zu sein,
> immer mehr auf die To-do-Liste zu setzen
> und doch nie fertig zu werden?

Kommt dir das Folgende vielleicht bekannt vor?
Du startest mit einem leeren und frischen Blatt Papier und notierst deine Punkte schön sauber untereinander. Doch sobald du ein paar Sachen erledigst und diese abhakst oder durchstreichst, wird dein Zettel nach und nach unordentlich. Eventuell werden freie Flächen am Rand oder zwischen den Einträgen noch genutzt, um

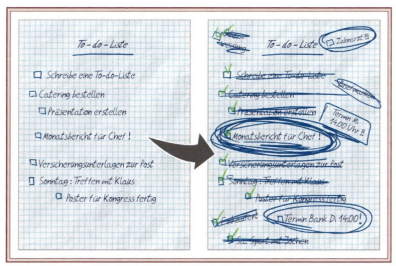

Abb. 1 Die klassische To-do-Liste – ein Chaos!

weitere anstehende Dinge zu ergänzen. Und bis du dich versiehst, hast du den Salat (Abb. 1). Wenn du mit einer klassischen To-do-Liste in tabellarischer Form arbeitest, läufst du Gefahr, statt Ordnung und Übersicht ein chaotisches Notiz-Wirrwarr vor dir zu haben. Am Ende stehen dann zwar einige Erledigungen auf dem Papier, aber du fühlst dich nicht wirklich zufrieden mit dem, was du erreicht hast.

Warum kommt es dazu?

Wichtig ist hierbei, dass es verschiedene Gründe haben kann, wenn die notierten Dinge nicht erledigt werden oder es die wichtigen Jobs erst gar nicht auf die Liste schaffen. Unter anderem kann es an Folgendem liegen:

- Es stehen die **falschen Dinge** auf der Liste.
- Es kommen **immer neue** Aufgaben im Laufe des Tages dazu.
- Es tauchen zu viele **Zeitdiebe und Unterbrechungen** im Tagesverlauf auf, die die Erledigung der geplanten Aufgaben boykottieren.
- Es ist **nicht immer klar**, welches die wichtigen und richtigen Dinge für die Monats-, Wochen- oder Tages-To-do-Liste sind.
- Bei einer tabellarischen Liste ist es sehr schwer, die **Prioritäten** festzulegen und darzustellen.
- Eine tabellarische Liste wird sehr schnell **unübersichtlich**, wenn man mit dem Durchstreichen der bearbeiteten Punkte beginnt. Oder wenn man

andererseits versucht, zusätzliche Dinge zwischen dem Geschriebenen dazu zu notieren.

Dies sind nur einige Gründe, die für Probleme beim Selbstmanagement und Zeitmanagement verantwortlich sind.

Wie wirds gelöst?
Genau hier kommt die neue Methode ins Spiel!
Der *MindmapWochenPlaner* ist eine **kreative Planungsmethode** für die individuelle Tages- und Wochenplanung. Er hilft dir, einen Überblick über die anstehenden Dinge zu gewinnen und unterstützt dich bei der Umsetzung deiner Aufgaben.
Die hier vorgestellte Lösung ist eine moderne, kreative Planung der wichtigen, richtigen und anstehenden Aufgaben mittels **Mindmap-Methode**.
Das Mindmap-Modell ist vielen bekannt; wenn du diese Visualisierungsmethode noch nicht kennst, hier eine kurze Erklärung vorweg: Bei der Mindmap geht es um die Darstellung von Gedanken, Notizen oder Aufgaben in der zweidimensionalen Ebene mit dem gleichzeitigen Gruppieren von zusammengehörigen Aspekten. Das Ergebnis ist eine aufgefächerte Verästelung um ein zentrales Thema, wobei klassischerweise von der Mitte nach außen oder aber von oben nach unten bzw. von unten nach oben aufgefächert wird.
In der Tages- und Wochenplanung mit dem *Mindmap-WochenPlaner* nutzen wir dies, um das persönliche

Aufgabenpaket zunächst zu sammeln und so strukturiert und thematisch gruppiert zu Papier zu bringen. Im nächsten Schritt werden die Hauptäste und gegebenenfalls auch die Einzelaufgaben mit Prioritäten versehen (A-B-C).

Diese Planungslandkarte der Wochenaufgaben bildet die Basis für die Tagesplanung. Zusätzlich wird eine Methode gezeigt, um mit dieser Tages- und Wochenkarte auch den Fortschritt zu dokumentieren und ständig aus den vorangegangenen Planungsdurchläufen zu lernen und eine **Weiterentwicklung** zu erleben.

> **Wirf deine klassische To-do-Liste über Board!**

Erfahre, wie das neue *MindmapWochenPlaner*-System auch dir in deinem Alltag helfen kann, damit du dich souverän und zufrieden fühlst und Erfolg hast mit dem, was zählt und was dir wichtig ist.

Wer profitiert von dieser Methode?

Das vorliegende Werkzeug ist für all diejenigen, die ihre Aufgaben und Tätigkeiten besser organisieren wollen. Jeder von uns hat mehrere Rollen auszufüllen. Und um hier den Überblick zu behalten, den Tag zu strukturieren und zu planen, dabei soll diese Planungsmethode unterstützen.

Vor allem im beruflichen Umfeld ist es an der Tagesordnung und auch Teil unseres Jobs, Zeit mit der Planung zu verbringen. So richtet sich der *MindmapWochenPlaner* hauptsächlich an diejenigen, die am Büroschreibtisch arbeiten. Da die Methode aber universell einsetzbar ist, kann sie auch im privaten oder ehrenamtlichen Bereich hilfreich eingesetzt werden.

Hier einige Beispiele, an wen sich diese Anleitung richtet:

- **Angestellte**
- **Freiberufler und Selbständige**
- **Unternehmer und Geschäftsführer**
- **Gründer, ob im Nebenberuf oder in Vollzeit**
- **Projektleiter**
- **Vertriebsmitarbeiter**
- oder an jeden, der sich **zielorientiert und kreativ organisieren** möchte

Alle, die es satthaben, dass die Liste der unerledigten Dinge sie nach einem anstrengenden Arbeitstag zermürbend runter zieht, statt sie zufrieden zu stellen – für all jene ist der *MindmapWochenPlaner* gemacht und gedacht!

Analog statt digital

Gleich zu Beginn kommt der Appell:

> **Plane mit Papier und Stift –
> analog statt digital!**

Die Flut an Informationen und Mitteilungen, die täglich, minütlich und mittlerweile sekündlich auf uns niederregnen, macht es fast unmöglich, konzentriert an einer Aufgabe zu arbeiten. Email-Eingang hier, Smartphone-Nachrichten-Piep da oder Anrufe. Wie soll es da gelingen, den Fokus zu finden und auch zu behalten?

Eine Möglichkeit dazu ist der Wechsel von digitalen Planungstools hin zu analogen Werkzeugen, wie zum Beispiel dem handschriftlichen Notieren und Skizzieren[1]. Ein großer Vorteil der Wochen- und Tagesplanung auf Papier liegt in der schlanken Form. Mit greifbaren, echten Planungskarten hast du deine To-dos immer bei dir und sofort parat. Im Gegensatz zu elektronischen Geräten wie Smartphone und PC bieten dir diese Karten aus Papier unschlagbare Vorteile.

Das schriftliche Planen mit **Papier und Stift im Gegensatz zu digitalen und elektronischen Medien** unterstützt die Tages- und Wochenplanung unter anderem aus folgenden Gründen:

- **Allzeit bereit – ganz ohne Elektronik**
Ein schriftlicher Planungshelfer ist immer parat, ohne darauf warten zu müssen, bis das Einschalten oder Hochfahren abgeschlossen ist. Und: Es kommt auch kein unerwartetes Systemupdate dazwischen.

- **Ohne Smartphone-App oder PC-Programm – Ein Blatt Papier macht keinen Lärm**
Kein Klingelton, kein Symbol für neu eingegangene E-Mails oder Kurzmitteilungen! Diese Meldungen zu neuen Nachrichten und den aktuellsten Social network-Posts lenken dich von deinen eigentlichen Pflichten ab. Gerade bei anstrengenden oder unliebsamen Arbeiten unterliegt man oft der Versuchung, diesen Ablenkungen nachzugeben.

- **Konzentration und Fokus**
Die Planung auf Papier ist schlank und schlicht. Damit bleiben die Augen und die Aufmerksamkeit auf das gerichtet, worum es geht – auf die Aufgaben und Termine.

Ablenkungen lauern bei jedem elektronischen Helferlein. Denn neue E-Mails, ungelesene Kurznachrichten und neue Posts in deinen Social Media-Kanälen verführen dich dazu, gelesen zu werden und dich von den aktuellen Aufgaben wegzulocken.

Mit dem *MindmapWochenPlaner* gelingt die Konzentration auf das Wesentliche. Im Gegensatz zu allen elektronischen Formen der Planung liefert das handschriftliche Arbeiten mit Papier und Stift einen stets verfügbaren Planungshelfer und unterstützt dich so, **fokussiert zu arbeiten.**

Zu Beginn:
Die Ergänzung zur Methode

Diese Anleitung zeigt dir Schritt für Schritt, wie die Methode funktioniert und welche Aktionen du im Einzelnen unternehmen musst, um deine Zeitplanung zu strukturieren und deine Ziele zu verfolgen.

> Die *MindmapWochenPlaner*-Methode ist keine rein theoretische Beschreibung eines Planungsmodells. Vielmehr handelt es sich um eine Kombination aus einer Anleitung in Verbindung mit einem Praxiswerkzeug für die tägliche Anwendung.

Du kannst mit deinem eigenen Material beginnen, um die *WochenMindmap* und den Tageskalender zu erstellen. Oder du startest mit dem auf diese Anleitung zugeschnittenen Werkzeug: Der Praxis-Box.

Die MindmapWochenPlaner-Praxis-Box

Die dargestellten Bilder des vorliegenden Leitfadens basieren auf einem von mir entwickelten Planungsset (Abb. 2). Dieses kannst du über www.michaelzankl.com beziehen.

So steigst du direkt ein und setzt die Schritt-für-Schritt beschriebenen Punkte gleich in die Praxis um.

Abb. 2 Ideale Ergänzung zur Theorie: die Praxis-Box

Die Praxis-Box besteht aus:

- einem Set von DIN A5-Planungskarten „**WochenMindmap**" für je eine Kalenderwoche
- einem Set von DIN A5-Planungskarten „**Tageskalender**" für je eine Kalenderwoche
- einer **Aufbewahrungsbox** inklusive Trennregister
- einer **Schutzhülle** für die aktuellen Wochenkarten

Um einen ersten Eindruck zu gewinnen, werden die einzelnen Komponenten des vorgefertigten Planungssets in folgendem Abschnitt kurz beschrieben.

Die WochenMindmap-Karte

Die erste Planungskarte aus der Praxis-Box ist eine Blanko-Vorlage in Form einer Mindmap (Abb. 3). Diese dient der Darstellung von Gedanken in zweidimensionaler Form. Dabei werden anders als bei tabellarischen Listen die Ideen und Notizen von einem Mittelknoten ausgehend aufgebaut und zum Beispiel sternförmig angeordnet. Diese Form der Darstellung unterstützt die Kreativität und den Denkprozess, indem unterschiedliche Themen und Aspekte in verschiedene Richtungen entfaltet werden können.

Auf der *WochenMindmap* trägst du strategische Ziele und Aufgaben ein. Der Vorteil der zweidimensionalen Darstellung liegt in der Erweiterbarkeit. Anders als bei tabellarischen Listen von oben nach unten bietet, eine

Abb. 3 Die WochenMindmap-Karte

aufgefächerte Notiztafel die Möglichkeit, jederzeit auf den Freiflächen weitere Punkte zu **ergänzen** und dies, ohne dass die Übersichtlichkeit darunter leidet. So entsteht ein Plan, der deine Wochenaufgaben wie auf einer Landkarte in 2D darstellt. Damit hast du ein hochflexibles Werkzeug in der Hand, um deinen Tag und deine Woche zu meistern.

Die Tageskalender-Karte

Die zweite Planungskarte des *MindmapWochenPlaners* ist ein 7-Tages-Wochenkalender für deine Termine und für die Zuordnung der geplanten Wochenaufgaben zu den einzelnen Tagen (Abb. 4).

Wenn du ein FilofaxTM oder einen anderen Kalender benutzt, kannst du die Tageskalenderkarte für die

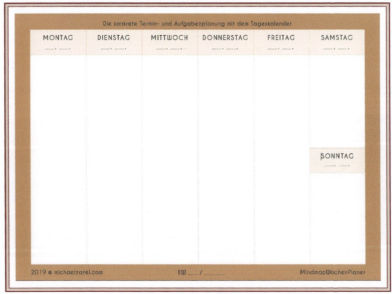

Abb. 4 Die Tageskalender-Karte

Vorplanung nutzen und diese dann in deinen vorhandenen Kalender übertragen.

Die Schutzhülle

Ein loser Zettel ohne Hülle bekommt schnell Eselsohren, Flecken und Knicke. Die Plankarten verdienen es, sauber und geschützt zu bleiben. Denn deine Planung ist wertvoll und schützenswert.
Dazu ist im Lieferumfang eine passende Hülle enthalten (Abb. 5). In diese schiebst du die beiden Karten Rücken an Rücken ein und hast so deine Mindmap-Übersicht und Tagesplanung immer schnell zur Hand.

Das Herausnehmen und Wiedereinführen der Karten in die Hülle gelingt sehr einfach und erleichtert so weitere

Abb. 5 Die transparente Hülle für den täglichen Einsatz

Aktualisierungen auf der *WochenMindmap* oder im Tageskalender.

Die Aufbewahrungsbox

Alle Planungskarten werden in einer stabilen Aufbewahrungsbox mit Klappdeckel geliefert (Abb. 6). Dadurch sind diese immer aufgeräumt und geschützt. In der Box ist ausreichend Platz für die leeren, unausgefüllten Karten und auch für die beschrifteten Wochenpläne und Kalenderkarten.

Der Einsatz der mitgelieferten Registertrenner hilft dir dabei, die unbeschrifteten Vorlagen von den bereits erstellten Plänen zu trennen. So hast du ein Vorlagensystem und ein Archivierungssystem in einem.

Abb. 6 Die Box zum Aufbewahren und Archivieren

Blättere von Zeit zu Zeit in den abgelegten Plankarten, um zu sehen, welche Pläne wie funktioniert haben und wie viele Erfolge du in der Vergangenheit feiern durftest. Das Sichten deiner erledigten Planungskarten ist vor allem dann hilfreich, wenn mal die Luft raus ist und du in einem Motivationsloch steckst. Das Durchblättern der erledigten, abgehakten To-dos gibt dir einen positiven Auftrieb.

> Wenn auch **du** mit dem Ready-to-go – Planungsset durchstarten willst, dann besuche
> www.michaelzankl.com
> und hol dir die Praxis-Box.

Für die anschauliche Schritt-für-Schritt-Anleitung an konkreten Beispielen soll im Folgenden diese vorgefertigte Praxis-Box Pate stehen.

Schritt Eins:
Die WochenMindmap erstellen

Beginne mit der WochenMindmap

Wir betrachten Schritt für Schritt, wie du die *WochenMindmap* anwendest.

Das erste Ziel der Wochenplanung ist, dir einen Überblick über die anstehenden Dinge der kommenden Tage zu verschaffen. Denn für deine persönliche Planung ist es wichtig, alle relevanten Vorhaben und Aufgaben im Blick zu haben. Ein günstiger Zeitpunkt für die Vorschau auf die neue Woche ist der Sonntagabend oder der Montagmorgen. Ohne einen Plan stürzt du dich in blinden Aktionismus und lässt dich von dringenden Anfragen oder von einem unsortierten Stapel an Aufgaben durch den Tag schieben. Dann fehlt dir der nötige Weitblick.

Auch wenn es mühevoll und fordernd ist, dir Gedanken über die wesentlichen Fragen rund um deine Tätigkeiten und Rollen zu machen, so ist die Vorausschau auf die Woche doch entscheidend für deinen Erfolg. Starte daher auf jeden Fall als wichtigste Aufgabe für den Montag mit dem Wochenplan.
Dein Tag ist einmal abwechslungsreich und mit vielen verschiedenen Themen gefüllt und einmal eher von bekannten Routinetätigkeiten geprägt. Neben den lang- und mittelfristigen Vorhaben kommen Routineaufgaben

und neue Aufgaben auf dich zu. Mit einer Mindmap sammelst du die unterschiedlichsten Ideen und Dinge, die dich beschäftigen.

Vorteile der Mindmap

Die Themen „To-do-Listen-Chaos", „Prioritäten" und „Überblick verschaffen" beschäftigen dich. Daher hast du den vorliegenden Leitfaden zur Hand genommen. Einer der Gründe, warum wir immer wieder Gefahr laufen den Überblick zu verlieren und uns zu verzetteln, liegt an den Arten von Aufgaben, die mit unterschiedlicher Wichtigkeit und mit individuellen Terminen auf uns warten. Hier kann das Niederschreiben der Gedanken und Punkte durch das Werkzeug ‚Mindmap' Abhilfe schaffen. Das Denken in viele Richtungen wird hierbei mithilfe einer zweidimensionalen Anordnung der Aufgaben „in alle Himmelsrichtungen" zu Papier gebracht.[2]

Einer der vielen Vorteile der Mindmap gegenüber einer tabellarischen To-do-Liste liegt darin, die verschiedenen Tätigkeitsbereiche auf dem Papier thematisch zu gruppieren. So kannst du deine Ziele der nächsten Tage erfassen und wie in einer Landkarte in 2D vor dir ausbreiten (Abb. 7). Du entwickelst die Mindmap in mehreren Gliederungsebenen. Vom Startthema gehen die Hauptäste ab und von diesen die Zweige und Unterzweige, immer feiner und verzweigter, wie bei einem Baum.

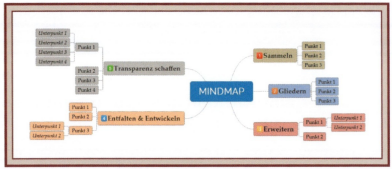

Abb. 7 Beispiel einer Mindmap

Möglichkeit für die Wahl deiner Hauptäste sind:
- die verschiedenen **Funktionen und Rollen**, die du im Beruf ausübst,
- einzelne **Projekte** oder
- **Tätigkeitsfelder**, die du aktuell bearbeitest.

Auf den folgenden Seiten nehme ich dich an die Hand und zeige dir an einem konkreten Beispiel, wie der *MindmapWochenPlaner* in der Praxis angewendet wird.

Mit Alex zum Ziel!

Wir führen ein Gedankenexperiment durch und schlüpfen in die Rolle einer imaginären Person, nennen wir sie beispielhaft einmal „Alex", um die Anleitung für dich anschaulich zu gestalten.
Dabei soll Alex stellvertretend für die weibliche als auch männliche Person stehen, um zu zeigen, dass dieses Tool für jedermann und jederfrau geeignet ist.
Im weiteren Text wähle ich der Einfachheit halber die weibliche Anrede.
Alex ist verheiratet, Mutter einer kleinen Tochter von acht Jahren und arbeitet als selbstständige Werbekauffrau. Wir sehen uns an, was bei Alex so alles auf den Schreibtisch flattert, und begleiten sie bei ihrer persönlichen Planung mit dem *MindmapWochenPlaner*.

In den Beispielen dieser Anleitung gehen wir auf den geschäftlichen Bereich ein. Aber genauso könnte Alex mit Hilfe eines weiteren Planungssets ihre privaten Aufgaben oder eine ehrenamtliche Tätigkeit (z. B. in einem Verein) organisieren. Eine Trennung dieser Bereiche mit eigenen Mindmaps ist hier sehr zu empfehlen, um die Themen nicht nur im Kopf, sondern auch auf dem Papier auseinanderhalten zu können.

Aufbau der Mindmap

Wir beginnen gemeinsam mit Alex, die Wochenplanung mit der Mindmap-Methode zu erstellen. Der Hauptzweck unserer Wochenplanung ist es, die Wochenziele festzulegen und in eine sinnvolle Ordnung zu bringen.

Zu Beginn liegt die leere *WochenMindmap* vor Alex.

Abb. 8 Der Start mit der WochenMindmap

In der Mitte der Mindmap steht das Thema. In unserem Fall ist es das Symbol einer Gedankenbox für die zu planende Kalenderwoche. Die Box steht dabei als Symbol für die neuen, anstehenden To-dos. Sie trägt den Titel „MEINE WOCHE", in die wir die Datumsangaben von Montag bis Sonntag eintragen. In der Fußzeile der Vorlagenkarte ist zusätzlich ein Platzhalter für den Eintrag der Kalenderwoche (Abb. 8).

Rund um diese Gedankenbox ist freie Fläche für deine Ideen und Vorhaben der kommenden Tage. Für die Gestaltung der Planungskarten wurde das DIN A5-Format gewählt. Dieses bietet nicht unbegrenzt Platz für alle Projekte, aber gerade so viel, wie in eine Woche passen. Die begrenzte Schreibfläche steht hier symbolisch für die ebenso begrenzte Zeit, die du in dieser Arbeitswoche zur Verfügung hast. Nicht eine Überfülle an Stunden, aber doch eine recht ansehnliche Zeit für die Verwirklichung des einen oder anderen großen Schritts nach vorne.

In den nächsten Kapiteln sehen wir, wie Alex ihre Planung anpackt und wie sie ausgehend von den Hauptebenen zu den darunterliegenden Einzelaufgaben geht und nach und nach ihre Projekte und To-dos entwickelt.

Die Hauptäste der Mindmap

Wir legen los und tragen als Erstes die großen Themenblöcke ein. Alex bearbeitet aktuell verschiedene Kundenaufträge mit jeweils unterschiedlichen Teilaufgaben. Wie dieser erste Schritt bei Alex aussieht, ist in Abb. 9 dargestellt.

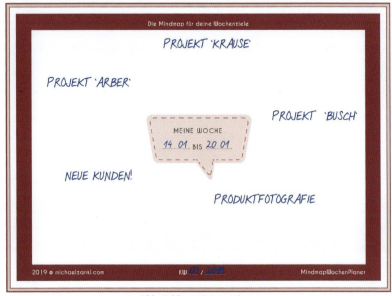

Abb. 9 Hauptäste notieren

Empfehlung: Wähle für die Haupteinträge nicht die Wochentage!

Die Mindmap erfüllt nicht den Zweck, alle Aufgaben auf die verfügbare Zeit zu verteilen. Wir wollen die wichtigsten und nötigen Vorhaben herausfinden und zunächst in zusammengehörigen Themenblöcken festhalten.

Erschaffe deine Struktur

Diese notierten Oberbegriffe umrandet Alex zum Beispiel mit Rechtecken, Kreisen oder Wolken, um ihre Bedeutung als Haupteinträge optisch hervorzuheben (Abb. 10). Mit spitz zulaufenden Ästen oder einfachen Strichen stellt sie die Verbindung zur Hauptwolke her. So wie die Äste eines Baumes verzweigen sich die Hauptäste. Auf diese Weise füllt sich die noch leere Planungskarte nach und nach mit Inhalt und Leben. Es bilden sich Pfade aus, auf denen sich deine Wochenaufgaben weiter aufblättern.

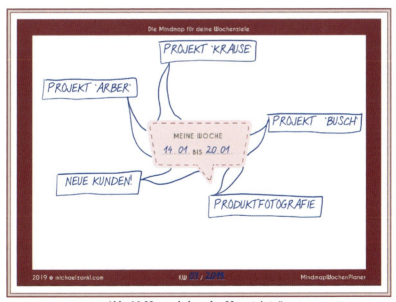

Abb. 10 Hervorheben der Haupteinträge

Bring Farbe ins Spiel!

Selbst wenn du ein ordnungsliebender, rational denkender und aufgeräumter Typ bist – auch du besitzt eine künstlerisch-kreative Ader! Speziell zum Zweck der Visualisierung und der leichteren Strukturierung verschiedener Themenblöcke setzt du Farben zum Hervorheben und zum Gruppieren zusammengehöriger Punkte ein. Das hilft dir enorm bei der Arbeit mit der Mindmap, denn damit können die Inhalte der Gedankenlandkarte optisch betont, leichter erfasst und verarbeitet werden.

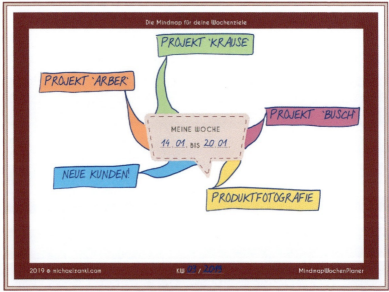

Abb. 11 Bring Farbe ins Spiel

Wir wenden das gleich in unserer Beispielplanung von Alex an und färben die Hauptthemenblöcke ein (Abb. 11). Neben den bekannten Flüssig-Textmarkern gibt es eine gute Alternative: Holzfarbstifte mit Neonfarben –

bei diesen verläuft und verschmiert das Geschriebene nicht und je nach Krafteinsatz sind unterschiedlich intensive Schraffierungen möglich. Sieht doch gleich viel ansprechender und vor allem übersichtlicher aus!

Der Clou beim Einsatz von Farben!
Farben machen das Leben froher und bunter. Sie erleichtern die Zuordnung zusammengehöriger Dinge im Gehirn und sie unterstützen das kreative Denken[3].

Statt deine Gedanken nur einfarbig zu notieren, fördert der Einsatz von bunten Stiften und Markern die offene und kreative Gestaltung einer Mindmap zusätzlich.
Und dabei ist der Aufwand so einfach und der Effekt doch so gewaltig. Darum mein Tenor: Nutze Farben so oft es geht und so bunt es das Thema zulässt. Es muss nicht immer ein knalliger Regenbogen sein, aber das Setzen von Farbakzenten oder Einfärben ähnlicher und unterschiedlicher Bereiche macht es den Augen und damit unserem Gehirn um so viel leichter, diese zu erfassen!

Die Einzelaufgaben
Nach der Auswahl der Hauptelemente für ihre *Wochen-Mindmap* trägt Alex die Teilaufgaben ein. Im geschäftlichen Bereich stehen bei ihr im Projekt „Arber" folgende Unterpunkte an:
- Die Erstellung eines neuen Layouts für einen aktuellen Werbeflyer,

- der Versand des Datenpakets an den Kunden zur Freigabe und
- eine Anfrage bei einer passenden Druckerei für eine detaillierte Kalkulation.

Alle Einzelaufgaben werden untereinander oder strahlenförmig um den Hauptast herum notiert und vom Haupteintrag führt ein gemalter Ast weg, mit dem die Verbindung zum Hauptpunkt dargestellt wird.
Zusätzlich setzt Alex kleine Kreise oder Quadrate vor die Unterpunkte (Abb. 12). Diese sind wichtig, da wir sie für das Abhaken benutzen. Darauf gehen wir im späteren Abschnitt „Die WochenSicht mit der Mindmap-Karte" näher ein.

Abb. 12 Hinzufügen der Einzelaufgaben

Nachträgliches Ergänzen? Kein Problem!

Eine berechtigte Frage bei jeder Art der Planung:

> „Was kann ich tun, wenn ich noch eine wichtige Sache dazu notieren will?"

Das genau ist das Schöne an einer Mindmap: Ergänzen ist immer möglich – im Gegenteil zu einer traditionellen, tabellarischen To-do-Liste. Bei der Aneinanderreihung von Zeilen untereinander hast du nur die Chance, am Ende einen weiteren Eintrag anzuhängen oder gar irgendwo in den Freiflächen dazwischen noch Ergänzungen vorzunehmen. Die Bilder der Abb. 13 zeigen dir, wie aus einer anfänglich noch ordentlichen To-do-Liste durch Durchstreichen und Hinzufügen ein mittleres bis großes Chaos entsteht.

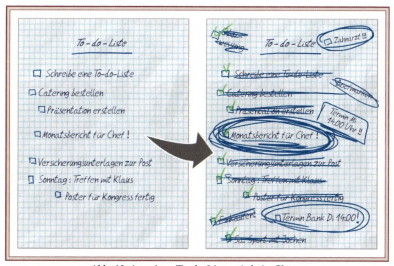

Abb. 13 Aus einer To-do-Liste wird ein Chaos

Anders läuft dies bei der Mindmap. Durch die Freiräume und das Entfalten der Gedanken auf deiner Landkarte kannst du die zusätzlichen Einträge auch dazwischen anfügen – und zwar genau an der richtigen Stelle! Die **Übersichtlichkeit bleibt erhalten** und alle Notizen stehen **thematisch gruppiert** zusammen.

Der Plan steht!

Kommen wir zurück zu Alex' Plan. Sie hat ihre Teilaufgaben für das Projekt „ARBER" notiert. In der gleichen Weise geht sie auch für ihre weiteren Kundenprojekte vor und ergänzt alle Punkte je Mindmap-Hauptast (Abb. 14).

Auch hier sind die Unterpunkte mit Linien, wie bei den Zweigen eines Baumes, mit dem Haupteintrag

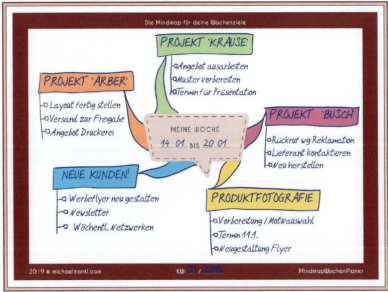

Abb. 14 Mit dem fertigen Plan in die Woche

verbunden und mit einer Checkbox zum Abhaken versehen.

Alle wichtigen Dinge sind notiert, thematisch sauber getrennt und visuell optimal aufbereitet.

Jetzt steht einer erfolgreichen Woche nichts mehr im Weg!

Schritt Zwei:
Die Prioritäten der Woche

Mit der Erstellung der *WochenMindmap* ist der wichtigste Teil der Tages- und Wochenplanung geschafft. Die Wochenlandkarte ist nun dein treuer Begleiter, um im Trubel des Alltags die entscheidenden Dinge nicht aus den Augen zu verlieren.

In welcher Reihenfolge sollten die aufnotierten Punkte nun Einzug in die Tagesplanung finden? Welche To-dos wählst du als Erstes?

Das Eisenhower-Prinzip

Beim Priorisieren von Aufgaben kann die Eisenhower-Matrix[4] helfen. Dieses Planungsprinzip ist benannt nach dem US-Präsidenten und Alliierten-General Dwight D. Eisenhower.

Es geht dabei darum, alle anstehenden Dinge in Katego-

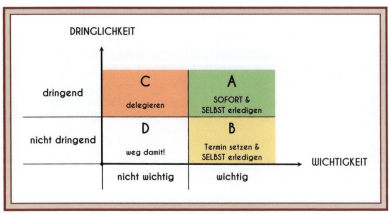

Abb. 15 Die Eisenhower-Matrix

rien einzuteilen und damit festzulegen, in welcher Reihenfolge diese zu erledigen sind oder ob sie aussortiert werden können.

Die Methode bedient sich der beiden Kriterien „wichtig" und „dringend". Durch die Auftragung dieser Begriffe in zwei Richtungen, wie auf einer x- und y-Achse, entstehen vier Quadranten. Aus den vier möglichen Kombinationen von / wichtig & dringend / wichtig / dringend / weder wichtig noch dringend / werden vier Kategorien definiert: A, B, C und D oder alternativ I bis IV (Abb. 15).

Für die Prioritäten gilt dabei folgendes:

A = wichtig & dringend → Selbst & sofort erledigen
Dies ist die höchste Priorität. Aufgaben mit der Priorität A sind sofort und von dir selbst zu erledigen.

B = wichtig → Selbst erledigen
Diese Dinge müssen nicht sofort angepackt werden, sind aber so wichtig, dass sie von dir selbst zu tun sind. Allerdings dürfen sie auch nicht vergessen werden.

C = dringend → Delegieren
Priorität C bedeutet, es handelt sich nur um dringende, aber nicht wichtige Aufgaben. Daher ist es nicht nötig, dass sie von dir persönlich zu erledigen sind. Diese Dinge kannst du an eine andere Person abgeben.

D = weder wichtig noch dringend → Nicht bearbeiten
Da diese Aufgaben nicht dringend und nicht wichtig sind, werden sie nicht weiter beachtet.

Soweit zum klassischen Eisenhower-Prinzip. Mir persönlich geht diese Einteilung in vier Kategorien nicht weit genug. Daher wird die Methode noch weiter verfeinert.

Die „bessere" Eisenhower-Variante

Die Unterscheidung in „dringend" und „wichtig" ist nicht immer hilfreich. Es besteht die Gefahr, dass zu viele Aufgaben in den Quadranten A und B landen und so durch mich persönlich bearbeitet werden müssen. Zu oft ordnen wir dringende Quadrant C-Aufgaben uns selbst zu und machen sie damit zu einer Prio-A-Sache. Unser persönliches Arbeitspaket wächst so stetig an.

INFO

In der klassischen Variante der Eisenhower-Methode spielt die Dringlichkeit eine große Rolle. Sie ist von der Wertigkeit der Wichtigkeit fast gleich gestellt. Das führt leicht zu einer Überbewertung der dringlichen Dinge. Um allerdings bei den bedeutenden Zielen und Wünschen voranzukommen, muss der Wichtigkeit deutlich mehr Bedeutung zugemessen werden. Eine Möglichkeit hierfür ist, die Eisenhower-Methode in einer abgewandelten Form anzuwenden.

Die Einteilung in die Kategorie dringend und die Tatsache, dass wir niemanden zur Unterstützung haben, an den wir diese Tätigkeit abgeben können, nötigt uns, sie selbst zu erledigen.

Meine Empfehlung bei der Prioritätenvergabe ist daher, sich von den Begriffen „dringend" und „wichtig" zu lösen und vielmehr zu versuchen, nur die zielführenden Dinge selbst anzupacken. Daher sieht eine modifizierte und bessere Eisenhower-Matrix aus wie in Abb. 16 dargestellt.

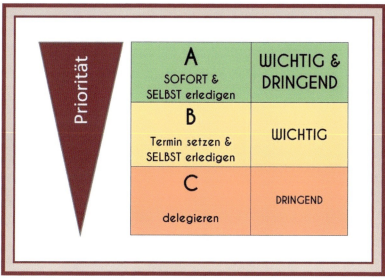

Abb. 16 Das bessere Eisenhower-Modell

Dabei gilt:

A =	**Umgehend und selbst erledigen**
	„Wenn ich heute nur eine Sache schaffe, dann diese."

B =	**Selbst erledigen**
	„Was mich meinen Zielen näher bringt – aber nicht unbedingt heute angepackt werden muss."

C =	**Delegieren** (und vor allem delegierbar machen)
	„Was nicht von mir persönlich erledigt werden muss."

Wie du siehst, verzichtet die gekürzte Matrix auf den vierten Quadranten komplett. Weil diese Dinge weder wichtig noch dringend sind und weil es keine Rolle spielt, ob sie erledigt werden, wird hierfür nicht einmal eine Prioritätskategorie vergeben.

Gewusst wie!
Delegieren durch Checklisten

Das Dilemma, alles selbst machen zu müssen, können wir lösen, indem wir uns zum Ziel setzen, eine „Noch-A-" oder „Noch-B-Aufgabe" zu delegieren. Wenn wir das nächste Mal eine solche Handlung abarbeiten, schreiben wir auf, wie wir diese konkret ausführen, um sie in Zukunft nicht mehr selbst erledigen zu müssen. Damit schaffen wir eine Checkliste oder Kurzanleitung und die Tätigkeit wird mittelfristig delegierbar. Denn durch eine stichpunktartige Beschreibung des Ablaufs sind wir nicht mehr die Einzigen, die es umsetzen können. Der erste Entwurf der neuen Anleitung muss nicht präzise und auch nicht perfekt sein. Das Ausarbeiten und Fertigstellen kann gleich der Mitarbeiter übernehmen, an den du das Ganze übergeben willst. Was zudem den Vorteil hat, dass die Kurzanleitung noch besser wird, da sie von zwei unterschiedlichen Personen verfasst wird.
Delegieren ist immer dann sinnvoll, wenn es wiederkehrende und/oder zeitraubende Handlungen sind. Denn wir sparen so einiges an Zeit, die wir noch zielgerichteter für die wirklich wichtigen Vorhaben einsetzen können.

Prioritäten in der WochenMindmap vergeben

Wir wenden nun die Eisenhower-Matrix in unserer *WochenMindmap*-Planungskarte an. Für die Wahl der wichtigen und ersten Dinge der Woche schreibst du einfach die drei Prioritätsbuchstaben vor die Rollen oder Hauptzweige der WochenMindmap.

Setze die Buchstaben A, B oder C vor die Haupteinträge auf der Planungslandkarte (Abb. 17). Das hilft dir, jeden Tag deine drei Startaufgaben zu finden und mit diesen zu starten. Mit der „**besseren Eisenhower-Matrix**" landen alle Aufgaben mit dem Prioritätsmerkmal D erst gar nicht erst auf der Mindmap und damit auch nicht in deinem Tageskalender.

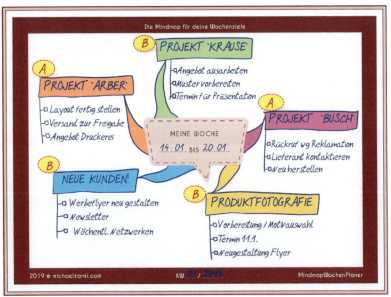

Abb. 17 Die WochenMindmap mit den ABC-Prioritäten

TIPP

Sei **nicht zu verbissen** bei der Festlegung der Prioritäten. Viel wichtiger als die Reihenfolge und die Frage nach „A, B oder C" ist die Tatsache, dass du bei deinen Zielen vorankommst. Verwende also ausreichend, aber nicht übermäßig viel Zeit für die Planung. Ebenso wichtig wie das Planen und Priorisieren ist das aktive Handeln und Umsetzen (s. Nach dem Planen kommt das Machen) Im Rückblick ist es nicht mehr bedeutend, wie genau du an dein Ziel gelangt bist. Es zählt nur dein Erfolg.

Schritt Drei:
Den Tageskalender füllen

Starte mit der Tagesplanung

Mit der Mindmap hast du die Gesamtübersicht über deine Woche vor dir. Als Nächstes geht es an die konkrete Tagesplanung. Dafür nutzen wir die zweite Komponente des *WochenMindmapPlaners*: Die Tageskalender-Karte oder alternativ dein bereits vorhandener Wochenplaner. Der Einfachheit halber zeige ich die nächsten Schritte ebenfalls anhand meiner Mustervorlage (Abb. 18).

Die Plankarte „Tageskalender" ist im Querformat angelegt und ähnlich zu anderen Zeitplanbüchern gestaltet.

Abb. 18 Die Tagesplanungskarte – noch ohne Einträge

Von Montag bis Freitag stehen dir so Freiflächen zum Eintragen deiner Tagesdetails zur Verfügung, Samstag und Sonntag teilen sich die letzte Spalte (Abb. 19).

Für die Tagesplanung empfiehlt sich folgender Ablauf:
- Die Termine der Woche eintragen und
- anschließend nur den aktuellen Tag mit wenigen Aufgaben füllen.

Abb. 19 Datum und Woche im Tageskalender

Diese Schritte sehen wir uns gemeinsam am Beispiel von Alex' Planung an.

Deine Termine

Alex trägt in den Tageskalender als Erstes die Termine für die Woche ein, die ihr schon bekannt sind und die sie bereits vereinbart hat. Sie platziert eine Kurzbeschreibung für ihre Verabredungen oder Besprechungen mit der Uhrzeit an der entsprechenden Stelle des Tages: Vormittags oben, mittags/nachmittags in der Mitte und spätnachmittags/abends entsprechend im unteren Bereich.

Auch an dieser Stelle fördern Farben die Übersichtlichkeit. Nutze Farbmarker, um deine Termine farblich hervorzuheben. Probiere aus, ob für dich das Setzen eines Rahmens, ein Schraffieren bzw. Einfärben oder nur ein Unterstreichen besser geeignet ist. Wähle, was dir gefällt, denn du erstellst den Plan für dich und für keinen Anderen. In Abb. 20 ist die Planungskarte mit den notierten Terminen und den Farbrahmen in Alex' Tagesplanung abgebildet.

Abb. 20 Tagesplan mit eingetragenen Terminen

Die Königsdisziplin: deine Aufgaben

Die Termine im Tageskalender bilden Fixpunkte, um die herum du deine jeweiligen To-dos planst. Sie geben den Wochentagen eine Grundstruktur. Hast du zahlreiche Termine, wird es eher eng mit der Bearbeitung vieler großer Dinge. Stehen dagegen nur wenige oder keine Verabredungen im Kalender, bist du relativ frei in der Wahl deiner Aufgaben. Welche das für den kommenden Tag sind, sagt dir die Mindmap.

Auch wenn der Tageskalender mit seinen weißen Flächen dazu einlädt, ihn für mehrere Tage auszufüllen, ist der wichtigste Rat, nicht die ganze Woche mit Tätigkeiten vollzustopfen, sondern immer nur den bevorstehenden Tag zu planen. Anders als vielleicht bisher bei dir üblich, verteilst du die Aufgaben nicht auf alle Wochentage, sondern befüllst immer nur einen Tag mit konkreten Dingen.

> **Große Ziele + kleine Schritte**
>
> **= ERFOLG**

Daher noch einmal der Rat:
Setze dir große Ziele, die du mittel- und langfristig erreichen willst, aber gehe in kleinen Schritten darauf zu. Dann wirst du erfolgreich sein. Bei der Umsetzung dieser Erfolgsformel unterstützen dich die Mindmap und der Tageskalender: Die Wochen-Landkarte dient dir als Gedankenstütze für das Wesentliche und die Tagesplanung hilft dir, dich auf deine heutigen Dinge zu konzentrieren.

Immer nur ein Tag

> „Warum sollte ich meine Aufgaben nicht gleich für die gesamte Woche eintragen?"

... wirst du dich vielleicht fragen.
Ganz einfach: Erstens kommt es anders, zweitens als man denkt. Wenn du am Wochenanfang gleich die Aufgaben für jeden Tag einträgst, bist du nicht mehr flexibel genug, um auf kleine Kurskorrekturen oder unerwartete Ereignisse reagieren zu können. Die To-dos auf deiner *WochenMindmap* geben dir die Prioritäten vor. Ob du viele, alle oder nur ein paar davon umsetzen wirst, ist nicht für jede Woche gesichert und läuft mal optimal und mal weniger optimal. Aber nichtsdestotrotz: Bleib dran und dabei, dann kommst du deinen Zielen näher und näher, bis du sie schließlich erreicht

hast. Mit der konkreten Planung nur für den kommenden Tag stellst du die Weichen für die nächsten Stunden. Das reicht vollkommen! Konzentriere dich darauf, prüfe am Abend deine Ergebnisse und geh dann an die Vorhaben des nächsten Tages.

Nur drei Dinge

Aus der *WochenMindmap* leitest du für den heutigen Tag drei Tätigkeiten ab. Nimm dir nicht fünf, zehn oder fünfzehn To-dos vor, sondern nur drei Dinge – und zwar die Wichtigsten. Diese Auswahl ist die schwerste!
Entscheide dich für drei Einträge aus der Mindmap. Mithilfe der Eisenhower-Matrix hast du eine Bewertung all deiner Aufgaben auf der WochenMindmap. Suche dir nun drei Dinge aus und trage sie in den Tagesplan ein. Neben allen Ideen, Aufgaben und Gedanken sollte auf jeden Fall **montags immer die Erstellung deiner Wochenplanung der erste** dieser drei Punkte sein.

INFO
Bremse dich bei dieser Wahl nicht zu stark ein und halte dich nicht zu lange damit auf. Vertrau deinem Bauchgefühl. Letztlich ist es egal, ob du die Top-10- oder Top-20-Aufgaben in der „vermeintlich" korrekten Reihenfolge abgearbeitet hast. Es zählt nur, dass du sie angepackt und zu Ende gebracht hast. In folgendem Kapitel lernst du, wie du vorgehen kannst, um die Frage nach den Prioritäten des Tages zu klären.

Schritt Vier:
Die Prioritäten des Tages

Eins, zwei, drei: die Reihenfolge deiner Aufgaben

Der erste Schritt beim Befüllen des Tageskalenders besteht aus dem Eintragen der bekannten Termine der ganzen Woche. Der darauf folgende Schritt ist die Wahl der Aufgaben für den anstehenden Tag.

Im vorherigen Abschnitt habe ich die Regel „Nur drei Dinge" aufgestellt. Wähle für jeden Tag also drei Einträge der Mindmap und darunter mindestens eine A- oder eine B-Aufgabe. Starte nie mit C-Aufgaben! Diese Auswahl notierst du für den aktuellen Tag in den Tageskalender.

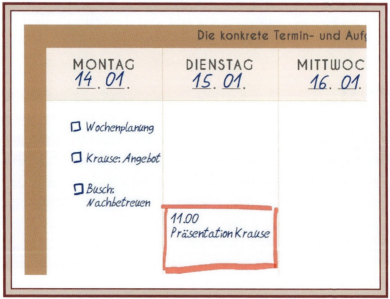

Abb. 21 Der heutige Tag mit seinen drei To-dos

Und wieder ein Blick auf Alex, wie sie es macht (Abb. 21). Sie nimmt sich für Montag die Erstellung der *WochenMindmap* und jeweils einen Teilschritt für die Projekte „Krause" und „Busch" vor.

Achte darauf, nicht mehr als drei Einträge aufzuschreiben!

Die meisten von uns nehmen sich in der Regel zu viel vor und packen mehr Dinge in den Tag, als sie erfahrungsgemäß bewältigen können. Aus Erfahrung zu empfehlen ist der umgekehrte Weg: Setze dir bis zu drei konkrete Schritte aus der Vielzahl deiner Vorhaben zum Ziel und versuche diese anzugehen. Mach aber im Gegenzug nicht den Fehler, die drei Punkte zu groß zu wählen. Es sollen drei überschaubare, machbare Teilaufgaben sein, die du in der verfügbaren Tageszeit auch schaffen kannst.

Das M.I.T. – das Most-Important-To-do

Nachdem du deine drei Tages-To-dos aufgeschrieben hast, vergibst du für diese die Reihenfolge der Bearbeitung, indem du die **Ziffern „1"** bis **„3"** davor schreibst. Nur statt der Eins trägst du **M.I.T. oder M-I-T** ein, das ist dein **Most-Important-To-do**[5].

Stell dir vor, du schaffst heute **nichts Anderes außer eine Sache**. Zum Beispiel wenn du früher als üblich von der Arbeit nach Hause musst, weil dein Freund überraschenderweise Konzertkarten für dich organisiert hat. In solchen Fällen wirst du sogar das minimale Dreier-Arbeitspaket nicht mehr erledigen können. Stelle dir die Frage, welches deiner drei notierten Dinge auf dem Tageskalender heute unbedingt erledigen sein muss. Genau das ist dein **M.I.T.**

> Das Wichtigste des Tages:
> Most-Important-To-do

Schreib dieses Kürzel vor deine Hauptaufgabe des Tages – am Montag ist das zu allererst die Erstellung des Wochenplans (Abb. 22). Denn unstrukturiert und planlos in die Woche zu starten, führt nur zu Aktionismus. Und nur mit hektischer Betriebsamkeit kannst du dir nicht sicher sein, ob dich die ersten Dinge, die du anpackst, deinen großen Zielen wirklich näher bringen.

Nummer 2 und Nummer 3

Bei den beiden weiteren Tages-To-dos vergibst du anschließend die **Ziffern „2" und „3"**, um eine klare Abarbeitungsreihenfolge festzulegen (Abb. 22). Die Wahl des M.I.T. spielt eine größere Rolle bei der Prioritätenvergabe als die Wahl der zwei nachfolgenden Tätigkeiten. Lege dich fest, halte dich aber nicht all zu lange damit auf.

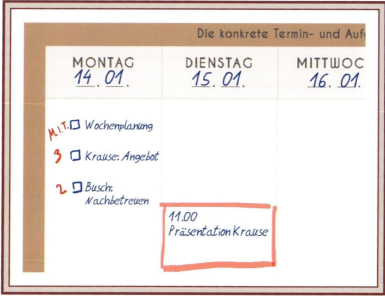

Abb. 22 Tagesplanung mit M.I.T. und Nummer 2 und 3

Erst notieren, dann priorisieren.

Schritt Fünf:
Anpacken und abhaken

Nach dem Planen kommt das Machen

Für das Erreichen deiner Ziele ist jetzt ein wichtiger Meilenstein gelegt. Die Tagesziele sind definiert und die Reihenfolge steht fest. Aber ohne den nächsten Schritt bleibt dein Plan nur ein Plan.

Mach dich an die Umsetzung und starte mit dem ersten Gedanken, der dir zu deinem Most-Important-To-do einfällt. Fang einfach an! Arbeite konsequent und zielstrebig daran weiter, bis du wieder eine Etappe geschafft hast. Hier zählt nicht die exakte und optimale Abfolge der Einzelschritte, sondern nur, dass du drangeblieben bist.

Ich habe die Erfahrung gemacht, dass auch kleine Schritte eine bedeutende Wirkung haben können. Wenn ich ein großes Projekt vor mir habe und ich nicht so recht weiß „Wo fang ich an?", dann ist es zunächst wichtig, dass ich mir über das Projektziel klar werde und es in Unteraufgaben gliedere. Alles, was zu mächtig erscheint, weil es nicht konkret zu fassen oder nicht präzise beschrieben ist, hat etwas Bedrohliches an sich. Man ist unsicher, womit man es zu tun hat, fühlt sich überfordert und auf eine gewisse Art auch ohnmächtig. Indem du Teilaufgaben herausarbeitest, verliert das große Projekt seine einschüchternde

Wirkung. Je kleiner du die Aufgaben herunterbrechen kannst, umso leichter fällt es dir, auch kürzere Etappen auf dem Weg zum Projektziel zu bewältigen. Diese aktiven, wenn auch manchmal nur kurzen, Phasen machen es aus.

TIPP

**Probiere es mit einer Fünf-Minuten-Etappe!
Die Zeit ist knapp?**
Du hast an einem Tag nur wenig Zeit für deine wichtige Aufgabe? Dann arbeite zumindest für **fünf bis fünfzehn Minuten** daran weiter. Dieses Gefühl, drangeblieben zu sein, mag dich zwar auf den ersten Blick dem Ziel nicht entscheidend näher gebracht haben, aber nach ein, zwei Wochen siehst du den **Unterschied**: Zehn kleine Schritte im Vergleich zu keinerlei Vorankommen geben Zufriedenheit und motivieren dich für die nächsten Teilaufgaben. Und nach ausreichend vielen Teiletappen wirst du dein Ziel erreichen.

Ich wiederhole es noch einmal:

> **Ohne das aktive Handeln
> bleibt der Plan nur ein Plan.**

Geh den Weg in kleinen Schritten, aber beharrlich. Sind es an manchen Tagen nur wenige Minuten, die du investieren kannst – tu es! Du wirst den Unterschied erleben. Auch der kleinste Schritt in die richtige Richtung bringt dich vorwärts und deinem Ziel ein Stückchen näher.

Abhaken und die Zufriedenheit genießen

Immer wenn du einen geplanten Punkt erledigt hast, dann hakst du diesen ab. Zu dem Zweck setzt du vor jeden Eintrag im Tageskalender eine Checkbox oder einen kleinen Kreis, den du zum Abhaken verwendest.

Erst halb anhaken, dann ganz abhaken

Wenn du gerade eine Sache begonnen hast und daran arbeitest, dann hakst du die Checkbox halb ab. Das machst du mit einem „halben Haken". So kannst du auch den Status einer gerade laufenden Tätigkeit kennzeichnen. Ist die Aufgabe komplett geschafft, führst du den Haken ganz aus.

Die Abhake-Methode ist einfach aber wirkungsvoll. Auf diese Weise kannst du auf einen Blick erkennen, welche Aufgabe gerade begonnen wurde und daher auch beendet werden soll, welche erledigt und welche noch unbearbeitet ist.

In Abb. 23 siehst du, wie das am Beispiel von Alex' Tageskalender aussieht.

Nutze verschiedene Farben beim Abhaken. Ein grüner Check-Haken für die erfolgreich erledigten und ein rotes „X" für die nicht geschafften Dinge auf dem Tageskalender (verschiedene Beispiele zum Abhaken siehe Abb. 25).

Abb. 23 Die Abhake-Methode: Erst halb dann ganz

Wie sich wissenschaftlich belegen lässt, führt das Abhaken einer geplanten und angepackten Sache zu Zufriedenheit[6]. Genieße also das gute Gefühl, beim „Haken-Machen" deinem Ziel ein Stück näher gekommen zu sein.

Anpacken,
fertig machen,
abhaken,
zufrieden sein!

Maßvoll weiter planen

Sicher warst auch du am Ende eines Tages schon mal frustriert, wenn du auf unerledigte To-dos geblickt hast, die du nicht schaffen konntest, weil du dir zu viel vorgenommen hast.

Empfehlung: Mach es ab sofort anders!
Nimm dir **nur drei Aufgaben** vor und packe sie an. Nur dann, wenn du die ersten drei abgearbeitet hast, gönnst du dir **ein einziges, zusätzliches To-do**. Dieses schreibst du in deinen Tageskalender mit der nächstfolgenden Abarbeitungsnummer. Abb. 24 zeigt ein Beispiel, wie du jeweils eine neue Aufgabe in deine Planung aufnimmst.

Genieße es, die ersten drei geschafft zu haben und dann eben noch eines, und noch eines, und noch eines.

Abb. 24 Immer nur eine weitere Aufgabe hinzunehmen

Ergänze immer nur eine weitere Sache – nicht gleich wieder zwei oder mehr – jeweils nur ein zusätzliches Vorhaben.

Festgelegt ist festgelegt

Du hast dir deinen Tagesplan überlegt und das M.I.T., die Nummer 2- und Nummer 3-Aufgabe definiert. Bleib dir treu und versuche die drei Dinge trotz Unterbrechungen oder neuen Zusatzaufgaben durchzuziehen. Erst wenn du das M.I.T. erledigt hast, geht es an Aufgabe Zwei.

Habe Geduld und halte durch, erst die wichtigste Sache anzupacken – auch wenn es beschwerlich oder unangenehm ist. Das Most-Important-To-do ist oft eine **unliebsame und fordernde Aufgabe**. Es mag sein, dass du während des Tages die Wichtigkeit und damit die Reihenfolge überdenkst und dich gerne umentscheiden würdest. Achte jedoch darauf, dies nicht als Vorwand zu nehmen, die aktuelle Sache abbrechen zu dürfen. Übe dich in Selbstdisziplin und ändere den Ablauf möglichst selten. Morgen wartet ein neuer Tag auf dich, und damit eine neue Chance die Wahl deiner Tages-To-dos zu treffen und dich festzulegen.

> **Dranbleiben!**
> **Erst planen, den Kurs beibehalten**
> **und morgen neu starten.**

Weniger ist mehr

Meine Methode der minimalistischen Tagesplanung hat einen entscheidenden Vorteil. Es wird immer nur ein Tag mit Dingen gefüllt. Dadurch bleibst du für die restlichen Wochentage flexibel. Der Kalender ist nicht schon voll mit den Dingen, die du für jeden einzelnen Tag im Sinn hast, sondern du planst den kommenden Wochentag abhängig davon, wie die bisherige Woche verlaufen ist.

So kannst du jeweils neu starten und dich an den Zielen der *WochenMindmap* ausrichten. Immer drei konkrete Dinge für heute stehen im Fokus. Das verschafft dir einen klaren, freien und unverbauten Blick.

So bleibst du ...

FLEXIBEL statt VERPLANT!

Gib dich auch einmal mit weniger zufrieden. Setz dir zum Ziel, eine kleine Etappe in deinem To-do voranzukommen. Wenn du dir drei Aufgaben ausgesucht hast, versuche, an jedem der drei ein wenig weiter zu arbeiten. Es muss nicht immer das Rund-um-sorglos–Paket herauskommen. In der Fokussierung auf eine Aufgabe und auf das Vorankommen in dieser liegt dein Erfolg[7]. Am Ende des Tages kannst du so in einem, zwei oder sogar allen drei geplanten To-dos – oder wenn es einmal besonders gut läuft in noch mehr Aufgaben – auf deine Fortschritte zurückblicken und zufrieden mit dir sein.

Im Kapitel ‚Über das „Zu-viel-wollen'‛ werden einige Aspekte beleuchtet, die uns das Leben bei zu hohen Erwartungshaltungen erschweren, und Möglichkeiten aufgezeigt, aus diesem Dilemma herauszufinden.

Schritt Sechs:
Resümee – die TagesSicht und die WochenSicht

Die TagesSicht – immer wieder aufs Neue lernen

o   **Zwischen Frust und Erfolg**
Vielen von uns geht es so: Wir wollen zu viel. Und dieses Zu-viel-wollen wird uns zum Verhängnis. Wir packen den Tag zu voll, übernehmen uns und erwarten Übermäßiges.
Statt einen erfolgreichen Tag zu erleben und zufrieden auf das Geschaffte zurückzublicken, machen wir es uns oft unnötig schwer, wenn wir unser Tagessoll zu fordernd festlegen.

o   **Es geht auch anders!**
Drei Dinge vornehmen und von diesen ein, zwei oder alle drei schaffen. Damit wird der Tag überschaubar und ist realistisch geplant. Denn viele kleine Erfolge bringen dich vorwärts. Die Reihenfolge der Schritte spielt nicht die entscheidende Rolle, aber die Tatsache, dass du vorwärtsgekommen bist. Egal, ob du deinen Plan nicht zu 100 Prozent befolgt hast und auf Umwegen das Ziel erreicht hast.
Durch die Wahl von mindestens einer A- oder B-Aufgabe pro Tag, kannst du dir – aus heutiger Sicht zumindest – sicher sein, dass unter allen Aktivitäten auch eine

wichtige und damit richtige Sache darunter war.

o   Zufriedenheit und Geduld

Jeder Plan hat sein Eigenleben. Mal funktioniert er bis ins Detail, mal gelingt er zur Hälfte, mal gar nicht. Überlege, wann es in deinem Leben schon einmal gut war, dass du ein Vorhaben nicht umsetzen konntest. Was wäre passiert, wenn in der Vergangenheit jeder Plan geklappt hätte? Wäre das im Nachhinein wirklich das Beste gewesen?
Durch die Rückschau auf den Tag und auf die Woche erfährst du viel über dich und dein Selbstmanagement.
Blicke am Ende deiner Arbeit kurz zurück und sei zufrieden. Wenn du an einem Tag nicht einmal geschafft hast, das M.I.T. komplett zu erledigen, aber zumindest einen Schritt dabei weitergekommen bist, übe dich in Zufriedenheit und Geduld.

Im Kapitel über ‚Abhaken und die Zufriedenheit genießen' hast du gesehen, wie das „Erledigt-Setzen" praktisch umgesetzt wird. So ist das Tagesergebnis an unterschiedlich erfolgreichen Tagen mal mit vielen, mal mit wenigen Check-Haken versehen.

Nachfolgend sind Beispiele dargestellt, wie unterschiedlich die Tage laufen können und wie sich dies im Tageskalender auf deinen „Abhak-Erfolg" auswirkt (Abb. 25).

Abb. 25 Abhaken – mal klappt viel, mal wenig

> **Kleine Anekdote**
>
> Ich erinnere mich gerne an einen meiner ehemaligen Lateinlehrer, der im Klassenzimmer eine lustige Szene zelebriert hatte. Wenn ein Schüler einen Satz im Unterricht erfolgreich übersetzt hatte, ermunterte er ihn mit den Worten:
> *„Gut. Kurz freuen!"*
> [kurze rhetorische Pause]
> *„Genügt, genügt! Und weiter mit dem nächsten Satz."*

Die TagesSicht muss dabei nicht immer nur kurz sein. Das ‚Sich-Freuen' und ‚Erfolge-Genießen' darf auch einmal etwas länger ausfallen – es muss nicht bei ein paar Sekunden bleiben.

Also – immer daran denken:

> Nach dem Machen:
> Das Freuen, Genießen und
> die Zufriedenheit nicht vergessen!

o **Vorarbeiten für den nächsten Tag**
Durch eine positive oder zumindest neutrale Rückschau auf den Verlauf deiner Tagesplanung gewinnst du genügend Abstand, um bereit für die Vorausschau auf den kommenden Tag zu sein. Das ist es, was unter dem Begriff der TagesSicht zu verstehen ist.

Beherzige folgende Regeln, um möglichst viel aus deinen gemachten Erfahrungen zu lernen und dies in die Gestaltung der zukünftigen Aufgaben einzubringen.

1. Immer wieder neu starten
Plane den Tageskalender des Folgetages entweder am Abend des Vortages oder am Morgen des jeweiligen Tages.

2. Terminliste aktualisieren für das Wochengerüst
Wenn sich neue Termine für die laufende Woche ergeben haben, trage diese gleich für alle Tage zur Aktualisierung ein. Das ist wichtig für das Wochengerüst und die möglichen freien Zeitfenster.

3. Unerledigtes übernehmen
Nimm die ein, zwei oder drei Aufgaben, die am vergangenen Tag nicht fertig geworden sind, mit in die nächste Tagesplanung.

4. Auffüllen mit neuen To-dos
Fülle zusätzlich zu den übriggebliebenen Dingen des Vortages neue auf – bis maximal drei – aber nicht mehr! Sei hier geduldig!

Versuche, dich an diese Schritte zu halten. Prüfe, wie es für dich am besten passt, denn nur dann hilft dir die Methode, um motiviert dabei zu bleiben.

Die WochenSicht mit der Mindmap-Karte

o **Vergleichen und Abhaken**

Die Woche ist vorbei und du hast wieder einiges bewegt. Dein Tageskalender hat seinen Dienst getan. Anhand der Einträge und abgehakten Dinge kannst du hoffentlich auf viele kleine Fortschritte zurückblicken. Nimm nun parallel zum Tageskalender auch deine Mindmap-Plankarte zur Hand und vergleiche die beiden. Hake alle begonnenen und erledigten Punkte der täglichen Aufgabeneinträge auch auf der Mindmap ab. Genau wie bereits beim An- und Abhaken im Tageskalender empfiehlt sich der Einsatz verschiedener Farben auch bei der *WochenMindmap*.

Für die erfolgreich erledigten Dinge verwendest du am

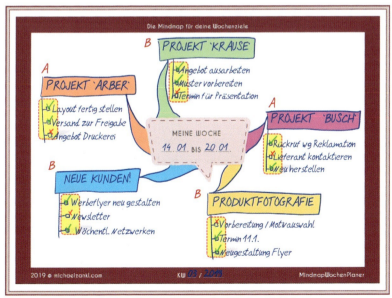

Abb. 26 Durch Abhaken aus der WochenSicht lernen

besten einen **grünen Stift und setzt einen Check-Haken**. Alle Einträge, die es nicht auf deinen Tagesplan geschafft haben oder die du nicht erledigt hast, markierst du mit einem **roten Stift durch ein X-Symbol** (Abb. 26).

Dieser Schritt ist wichtig und hilft dir, dein Selbstmanagement in der nächsten Woche neu anzugehen.

> **Termine als Wochengerüst und maximal drei Aufgaben als Tagespensum.**

Dein Lern-Archiv

Bewahre deine *WochenMindmap*-Karten auf und archiviere sie in der Sammelbox. Dann kannst du in einer ruhigen Minute die Planungsaufzeichnungen der letzten Wochen oder der letzten Jahre – wenn du mehr und mehr mit ihnen gearbeitet hast – zur Hand nehmen und durchblättern.

Dabei erkennst du auch, welche Einträge immer wieder auf der *WochenMindmap* landen und einfach nicht abgehakt werden. Entweder sind sie doch nicht so bedeutend für dein Vorankommen, dass du sie endgültig streichen kannst, oder aber sie sind so wichtig, dass du sie endlich angehen und meistern musst.

Wenn du den Vergleich mit dem „halbvollen" und „halbleeren" Glas heranziehst und auf deine Erfolge statt auf die nicht erledigten Dinge blickst, erlebst du dabei ein Gefühl der Zufriedenheit und Dankbarkeit. Du hast in der vergangenen Woche einiges erreicht. Ohne die Planung und das tägliche Anpacken könntest du nicht auf so viele Erfolge zurückblicken.

Über das „Zu-viel-wollen"

„Ich hatte alles so schön geplant, doch dann kam wieder alles anders!" – dieses Frustgefühl hast du sicher schon erlebt. Die Gründe liegen aber meistens nicht bei den Anderen, sondern in dir und deinen Erwartungen. Und zwar in den Erwartungen, die du an dich selbst und die Andere an dich stellen. Auch wenn wie bei Letzterem die Aufgaben von außen an dich gestellt werden, bist du selbst dafür verantwortlich, wenn du zu viel zusagst oder annimmst. Wie aber findest du da raus?

Wir wollen zu viel!

Fangen wir zunächst aber damit an, wo viele von uns stehen. Der Tag hat 24 Stunden. Und wir wollen oft möglichst viel reinpacken oder für uns aus dem Tag herausholen. Wir wollen viel, zu viel. Der tatsächliche Verlauf des Tages bringt uns oft unsanft auf den Boden der Tatsachen zurück. Es passt eben doch nicht alles rein, was wir uns im Kopf so vorgenommen hatten. Daher erleben wir statt der Erfüllung unserer Erwartungen das Gegenteil, nämlich Enttäuschung. Ich bin von mir oder die Anderen sind von mir enttäuscht. Wie ich die Sache auch drehe und wende: Die Folge einer zu großen Erwartungshaltung ist Enttäuschung. Wenn ich mir mehr erhoffe, als möglich ist, führt das zum Scheitern.

Im Beruflichen kann das zu Stress und Überarbeitung, im schlimmsten Fall zu Burnout führen. In der Beziehung und innerhalb Freundschaften enden zu große Erwartungen in Trennung oder Distanz. Auch in anderen Bereichen ist eine zu hohe Erwartungshaltung eher hinderlich statt hilfreich. Wenn ich mir im Training beim Sport zu viel abverlange, können Verletzungen die Folge sein. Oder aber ich gebe das Ziel „täglich zu laufen" wieder auf, wenn ich die Sache am Anfang zu übermotiviert angehe[8]. Besonders viele Beispiele von zu hohen Erwartungen finden wir zu Jahresbeginn bei den Neujahrsvorsätzen. Und die niedrige Erfolgsquote der meisten Vorsätze ist ein Beleg dafür, dass die kurzfristigen Etappenziele zu hoch angesetzt waren. Die euphorische Anfangsmotivation weicht dann schnell dem alten Trott, und der innere Schweinehund trägt den Sieg davon.

Ob der gegenwärtige Lifestyle, unsere Erziehung oder ob wir uns selbst dorthin gebracht haben, ist nicht entscheidend. Wichtig ist, dass wir uns über die Folgen von zu hohen Erwartungen klar werden und diese breitgetretenen Trampelpfade verlassen.

Entwickle realistische Erwartungen

Es geht darum, zunächst zu lernen, realistische Erwartungen an dich, die Anderen und an den aktuellen Tag zu setzen. Es gibt einen großen Unterschied zwischen Erwartungen und Zielen. Erwartungen sind wie der Rucksack, den du heute trägst, um zum Gipfel eines Berges zu gelangen. Der Gipfel ist das Ziel, der Rucksack ist dein Hilfsmittel auf dem Weg zum Ziel. Wenn du deinen „Tages"-Rucksack zu voll packst, dann schaffst du nur eine kleinere Strecke. Wenn du dagegen machbare Pakete schnürst, erreichst du nach einigen Tagen auch dein Ziel. Ich appelliere aber nicht dazu, kleinere Ziele anzustreben, sondern die Etappen zum Ziel realistischer anzugehen.

> „Wir überschätzen,
> was an <u>einem Tag</u> machbar ist
> und
> wir unterschätzen,
> was <u>in einem Monat oder einem Jahr</u>
> alles möglich ist."

Der richtige Umgang mit Ungeplantem

„So, mein Plan steht! Jetzt fange ich mit meinem wichtigsten Projekt an."
Du gehst voller Elan an dein neues Vorhaben. Doch dann kommt ein Anruf von einem Kunden, Lieferanten, externen Dienstleister oder mein Kollege stürmt zur Tür herein und bittet mich um Unterstützung. Das ist der Alltag. Sicher werden wir unsere geplanten Tagesaufgaben nicht immer ganz ohne Störungen und Unterbrechungen erledigen können.

Mein Rat an dieser Stelle: Vorsicht!
Mache dir folgende Gedanken, wenn die nächsten unvorhergesehenen Aufgaben über dich hereinfallen oder Zeitdiebe in der Tür stehen.

Der Trick mit dem Wartezimmer

Wenn die neue Anfrage längere Zeit in Anspruch nimmt, erbitte dir **Bedenkzeit**. Beim Arzt kommst du auch nicht gleich dran. Da musst du auch erst im Wartezimmer Platz nehmen – egal wie viele Patienten vor dir an der Reihe sind. Damit hast du den Vorteil, dass du dir noch mal in Ruhe Gedanken über die neue Aufgabe machen kannst. Prüfe während der Wartezeit:

1. **Von wem** kommt die Anfrage: Chef, Vorgesetzter, Kollege?
2. Gehört es zu meinen **(Kern-)Aufgaben**? Wenn nein, achte darauf, es nicht als Ablenkung von der aktuellen, „langweiligen" Beschäftigung anzunehmen.
3. Wenn die Aufgabe zu deinen Tätigkeiten gehört, kläre detailliert die Erwartungshaltung des Gegenübers hinsichtlich **Ausführlichkeit und Termin**:
   - **Was** genau wird gewünscht oder gefordert?
   - **Wie** umfangreich und detailliert soll das Ergebnis ausfallen?
   - **Wann** soll es erledigt sein? Hierzu ein Tipp: Bitte um eine Terminangabe, zum Beispiel „wie dringend", „was wäre der Wunschtermin". Oft wird erst durch das Nachfragen deutlich, dass es für dein Gegenüber nicht immer dringend ist. Nicht alle Anfragen müssen sofort fertig sein.

Übe und lerne, nicht gleich zu antworten, sondern nutze das „Wartezimmer" und versprich, dich zu melden,

wenn du die Fragen geprüft hast. Wenn du eine neue Bitte zu schnell annimmst, läufst du Gefahr, Enttäuschungen zu erleben. Denn Enttäuschungen bei dir und bei Anderen entstehen durch:
- **nicht umsetzbare** Erwartungen
  (*"in der verfügbaren Zeit klappt das mit den gegebenen Mitteln nicht"*)
- **unterschiedliche** Erwartungen
  (*"ich hatte erwartet, dass du ... / ich ..."*)
- **unklare** Erwartungen und damit oft verbundenen falschen Annahmen
  (*"ich habe angenommen, dass es nicht so schlimm ist, wenn ..."*)

o **Tägliche und wöchentliche Müllabfuhr**
Nimm dir darum bei Anfragen für umfangreichere Aufgaben und Projekte vorher ausreichend Zeit. Hinterfrage immer, ob es überhaupt oder ob es so ausführlich erledigt werden muss.
Wenn sich Prozesse und Abläufe einmal etabliert haben, vergessen wir die „**Müllabfuhr**". Es werden Aufgaben erledigt und Berichte erstellt, deren Ergebnis oder Informationen nicht mehr weiter genutzt werden. Dann ist es besser, die Zeit künftig für sinnvollere Tätigkeiten zu nutzen.
Sei bei dem Ganzen nicht zu dogmatisch. Lehne nicht immer und kategorisch alle Anfragen ab, die nicht direkt in deinen Aufgabenbereich fallen. Kleine Gefälligkeiten sind auch wichtig für das soziale und kollegiale Miteinander – es darf eben nicht ausarten. Wenn

du allerdings nur noch den Zeitdieben und Spontan-Anfragen nachgibst, statt deine Kernaufgaben zu erledigen, ist es wieder dringend an der Zeit gegenzusteuern.

Nun ist dein Blick in Sachen Erwartungshaltungen wieder geschärft und du hast weitere Werkzeuge, um mit Unterbrechungen besser umzugehen.

Die Grenzen der Methode

Was der MindmapWochenPlaner nicht leisten kann

Der *MindmapWochenPlaner* ist keine eierlegende Wollmilchsau. Die Methode, um die es sich hier handelt, ist nicht für alle Arten der Planung geeignet. Das Ziel ist es, die großen To-dos für eine Kalenderwoche festzuhalten, diese mit Prioritäten zu versehen und eine Abarbeitungsreihenfolge zu skizzieren. Das **Planungszeitfenster** des hier vorgestellten Modells ist eine Woche und die Tage dieser einen Woche. Projekte mit einer langen Laufzeit über mehrere Monate können so nicht umfassend dargestellt werden.

Begrenzter Platz bedeutet Fokussierung

Für die Größe der beiden Planungskarten wurde bewusst ein kleines Format gewählt, damit du die Schreibfläche auf der DIN A5-Karte nur mit den **Kernpunkten** und wichtigsten Zielen befüllst. Damit ergibt sich automatisch, dass eine Ausarbeitung von komplexen Themen – wie zum Beispiel ausführlichen Projektplänen – auf der *WochenMindmap* und im Tageskalender nicht möglich ist. Das ist auch gar nicht beabsichtigt. Fein herausgearbeitete Details, die im Einzelnen hintereinander anzugehen oder parallel auszuführen sind, finden auf den Planungshelfern nicht ausreichend Platz. Dafür gibt es geeignetere Optionen.

Konzepte für umfangreiche Planungsthemen

Zum Beispiel bietet es sich an, für ein Projekt mehrere, separate Mindmaps zu erstellen, gerne auch in DIN A4 oder sogar DIN A3. Oder du sammelst Dokumente und Zusatzinformationen in der Sammelmappe einer Hängeregistratur. Auch ein Ordner mit Klarsichthüllen und Trennregistern kann hier eine gute Ergänzung sein. Je nach Planungscharakter oder auch persönlicher Entwicklungsphase passt mal dieses, mal jenes Organisationswerkzeug.

Bei langfristigen und umfangreichen Projekten kommt sehr oft noch der Aspekt hinzu, dass mehrere Partner und Teammitglieder gemeinsam im Projekt zusammenarbeiten und zuarbeiten. Damit sind individuelle Zielsetzungen und auch Charaktereigenschaften der einzelnen Teilnehmer zu berücksichtigen. Auch aus diesem Grund stoßen *WochenMindmap* und Tageskalender hier an ihre Grenzen.

Komplexe Projekte und Aufgabenpakete lassen sich besser organisieren durch:

- einzelne, zusätzliche Mindmaps in DIN A4 oder DIN A3
- Sammelmappen in einer Hängeregistratur
- einen Stehsammler oder
- einen Ordner mit Klarsichthüllen und Trennregistern

Die Stärken des MindmapWochenPlaners

Für jede Planungsaufgabe gibt es mehrere Hilfswerkzeuge. Nachfolgend sind neben den eben genannten Konzepten für umfangreiche Aufgaben noch einmal die Pluspunkte der *MindmapWochenPlaner*-Methode aufgelistet:

o Der Fokus des MindmapWochenPlaner liegt ...

... in der WochenMindmap auf:
- Finden der Hauptrollen und Kernthemen des persönlichen Arbeitspensums
- Notieren der Hauptaufgaben mit wenigen konkreten Unterpunkten
- Fixieren der wichtigen Ziele
- Bestimmen der Prioritäten
- Dokumentieren der erreichten Wochenziele

... und beim Tageskalender auf:
- Übersicht über die Termine als Planungsgerüst für die Tagesplanung
- Wählen von wenigen konkreten Tagesaufgaben aus der *WochenMindmap*
- Festlegen einer klaren Abarbeitungsreihenfolge
- Abhaken oder markieren der erledigten und unerledigten To-dos

o   **Die Kombination machts**
Mit Hilfe der Mindmap und des Tageskalenders wird sichergestellt, dass du die wichtigen Ziele deiner Hauptaufgaben und Projekte nicht aus den Augen verlierst. Auf der *WochenMindmap* werden die Meilensteine festgehalten und die Projektaufgaben in Wochenziele heruntergebrochen. Und im Tageskalender ist es auf der nächst-feineren Planungsebene möglich, die konkreten Tagesaufgaben zu notieren und so Schritt für Schritt dem (Projekt-)Ziel näher zu kommen.

Das Wichtigste ist deine Entwicklung

Bleib dran und werde kreativ!
Auch wenn es nicht immer und nicht jeden Tag klappt, sich an die Planung mit der Mindmap und den 1-2-3-Tagesvorgaben zu halten, übe dich in Geduld. Du kannst auch über kleine Fortschritte zufrieden sein.

Neue Methoden anzuwenden klappt nicht von jetzt auf gleich und nicht mal nebenbei. So verhält es sich auch mit dieser Planungsmethode, wenn du zum ersten Mal damit in Berührung kommst. Wenn ein Plan in einer Arbeitswoche nicht aufgegangen ist, muss nicht gleich dein gewähltes System schuld daran sein, sondern oft liegt es am „Zu-viel-wollen".

Es ist bereits ein Erfolg, wenn ein oder zwei Aufgaben der Wochenplanung auf „erledigt" gesetzt werden können. Bleibe dran, lerne dazu und mach es am nächsten Tag einfach besser. Vor allem die Kunst des „Weglassens" und des „Weniger-rein-Packens" will gelernt und jedes Mal aufs Neue geübt werden.

Betrachte die hier dargestellten Skizzen und Bildausschnitte nur als Beispiele. Künstlerisch mag es keine Glanzleistung sein, aber das war auch nicht die Absicht. Sei mit deiner kreativen, praktischen Gestaltung von Mindmap und Tageskalender nicht zu kritisch.

Sie ist nicht dazu da, Anderen deine Ideen zu vermitteln, sondern ganz allein für dich.
Und darum darf sie auch genauso sein, wie sie eben ist: Eben Deins – eben ganz Du!

> **Deine PLANUNG ist DEINE Planung!**

Der ‚Planen-Machen-Abhaken-Lernen' – Kreislauf

Deine Aufgabenplanung ist ein stetiger Lernprozess. Durch die tägliche und wöchentliche Anwendung werden sich dein Planen und Umsetzen immer weiterentwickeln. Und das Ergebnis der bisherigen Planungen hat direkten Einfluss auf deine zukünftigen. Dieser Prozess ist im Modell des Planen-Machen-Abhaken-Lernen – Kreislaufs dargestellt (Abb. 27).

o **Planen mit der *WochenMindmap***
Alles steht und fällt mit deiner *WochenMindmap*. Nimm dir Zeit, die wichtigen Dinge zu finden und die Prioritäten richtig zu wählen.

o **Planen mit dem Tageskalender**
Fülle den Tag mit wenigen Aufgaben und leg dein M.I.T und deine zwei weiteren Tages-To-dos fest.

o **Machen**

Los gehts! Starte mit deinem Most-Important-To-do, und zwar mit einem beliebigen Teilschritt davon. Werde aktiv, gestalte deinen Tag und fülle ihn mit den Dingen, auf die du mit Zufriedenheit zurückschauen kannst

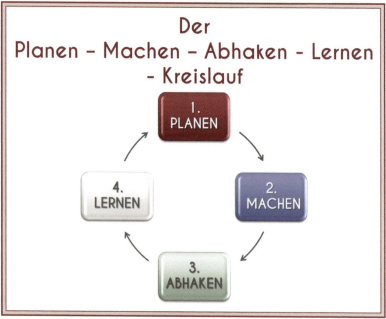

Abb. 27 Der Planen-Machen-Abhaken-Lernen – Kreislauf

o **Abhaken**

Geschafft! Genieße den Moment des Abhakens und sei zufrieden mit dir und deiner Leistung. Ein einziger Haken bei einem der für dich wichtigen Vorhaben ist um so viel mehr wert als fünf Haken bei unwichtigen oder unliebsamen Dingen. Bestimme selbst, welche Punkte du abhaken möchtest.

o **Lernen**
Mit dem Rückblick auf den Tag und die Wochen in Form der beiden Planungskarten lernst du bedeutend viel über dich und deine Arbeitsweise[9]. Du erkennst, was dir leicht gefallen ist und bei welchen Aufgaben du mehrere Anläufe benötigt hast. Es wird dir auch klar, was du immer wieder vor dir herschiebst. Entscheide dich, ob du diese endgültig von deiner Liste streichen willst oder ob sie es wert sind, endlich angepackt und erledigt zu werden.

Also: Rein in die Planung und rein in den Entwicklungskreislauf aus Planen – Machen – Abhaken und Lernen. Und schließlich besser werden.

Werde zum „Abhaker"

Ich habe dir einen Weg beschrieben, wie du die *MindmapWochenPlaner*-Methode und die entsprechenden Planungskarten für deine Tages- und Wochenplanung nutzen kannst. Folge den beschriebenen Regeln und du wirst in Zukunft unstrukturierte, überquellende To-do-Listen hinter dir lassen und stattdessen zum „Abhaker" werden.

Und hier noch einmal die Regeln für die Tages- und Wochenplanung im Überblick:

1	**Am Anfang steht die WochenMindmap** Nimm dir ausreichend Zeit für die Planung und starte die neue Arbeitswoche immer mit der WochenMindmap.
2	**Die Vorauswahl als Basis** Die To-dos für die Tagesplanung gelingen nun einfacher, weil du aus der Fülle aller möglichen Aktivitäten die für dich wichtigsten gewählt hast.
3	**Aller guten Dinge sind drei** Fülle den Tageskalender immer nur für den aktuellen Tag und mit nur maximal drei Einträgen. Lerne, minimalistisch zu planen und dafür mehr zu erreichen.
4	**Prioritäten festlegen** Lege für die notierten drei Aufgaben dein Most-Important-To-do (M.I.T.) fest und bestimme dann Nummer 2 und 3.
5	**Anfangen und machen** Das ist der entscheidende Punkt, um den Plan in die Tat umzusetzen. Jeder noch so kleine Schritt in die richtige Richtung ist ein Erfolg.
6	**Abhaken und freuen** Hake ab und genieße in Zufriedenheit das, was du erreicht hast.
7	**Dein Tages-Resümee** Betrachte dein Tagesergebnis in der TagesSicht und plane auf der Basis der WochenMindmap und der bisherigen Tageserfolge den Folgetag.

8	**Deine Entwicklung** Lerne aus der WochenSicht, indem du auf die gesamte Woche zurückblickst, die gewählten Ziele mit deinen Ergebnissen vergleichst und die erledigten Punkte abhakst. Mit der Prüfung aller erstellten und abgehakten WochenMindmap-Todos kannst du in die neue Wochenplanung starten.

**Plane und gestalte deine Zeit mit
Mindmap und Tageskalender
und
lerne aus der
Tages- und Wochenrückschau.**

Quellenangaben

Im nachfolgenden Verzeichnis sind die im Text angegebenen Endnoten aufgelistet. Die Quellen wurden für wichtige Begriffe und Themen ausgesucht. Diese dienen als Ergänzung und Nachschlagewerke.
Nicht immer sind die Quellen insgesamt als Referenz zu betrachten. Denn das *MindmapWochenPlaner*-Modell stellt eine Weiterentwicklung aus verschiedenen Konzepten dar.

1 Zu „schriftlich planen" vgl. Seiwert, Lothar in Das 1x1 des Zeitmanagement: Zeiteinteilung, Selbstbestimmung, Lebensbalance (Taschenbuch). GRÄFE UND UNZER Verlag GmbH; Auflage: 40 (9. August 2014), S.31ff

2 Zu „Mind Map" vgl. Buzan, Tony und Buzan, Harry: Das Mind-Map-Buch - Die beste Methode zur Steigerung Ihres geistigen Potenzials (Taschenbuch). mvg Verlag, Landsberg am Lech 2005. 5. Auflage.

3 Zu „kreativ planen mit Farben" vgl. Hendrik Backerra, Christian Malorny, Wolfgang Schwarz in Kreativitätstechniken: Kreative Prozesse anstoßen, Innovationen fördern (Pocket Power) (Gebundenes Buch), Carl Hanser Verlag GmbH & Co. KG; Auflage: 3., vollständig überarbeitete (4. Oktober 2007)

4 Zu „Eisenhower-Matrix" vgl. https://de.wikipedia.org/wiki/Eisenhower-Prinzip und https://karrierebibel.de/eisenhower-prinzip/

5 Zu „Most Important To-do" vgl. Brian Tracy in Eat That Frog!: Get More of the important Things Done - Today!

(Englisch) (Taschenbuch). Hodder Paperbacks (31. Januar 2013)

6 Zu „Abhaken schafft Zufriedenheit" vgl. Hartmut Sieck in Aktionspunkt: Zeitmanagement: 16 heitere Kurzgeschichten und 59 Praxistipps aus dem Privat- und Berufsleben zu den Themen Zeitmanagement / Selbstmanagement (Taschenbuch). Books on Demand; Auflage: 2 (5. Oktober 2010)

7 Zu „Weniger ist mehr" vgl. Ralf Brugger in Lean Time Management: Die ultimative Zeitrettung für Gipfelstürmer, Dauerbrenner und andere Ruhelose (Gebundenes Buch). Springer; Auflage: 2011 (22. Januar 2011).

8 Zu „Wir wollen zu viel" vgl. Artikel https://www.stern.de/wirtschaft/job/gesellschaft--wir-wollen-zu-viel-vom-leben--3492780.html

9 Zu „Lernen aus der TagesSicht und WochenSicht" vgl. Stephen R. Covey, A. Roger Merrill, Rebecca R. Merrill, Alexandra Altmann in Der Weg zum Wesentlichen: Der Klassiker des Zeitmanagements (Gebundenes Buch). Campus Verlag; Auflage: 7. erweiterte Auflage (13. Februar 2014)

Abbildungsverzeichnis

Abb. 1 Die klassische To-do-Liste – ein Chaos! 14
Abb. 2 Ideale Ergänzung zur Theorie: die Praxis-Box 23
Abb. 3 Die WochenMindmap-Karte 24
Abb. 4 Die Tageskalender-Karte 25
Abb. 5 Die transparente Hülle für den täglichen Einsatz 26
Abb. 6 Die Box zum Aufbewahren und Archivieren 27
Abb. 7 Beispiel einer Mindmap 31
Abb. 8 Der Start mit der WochenMindmap 33
Abb. 9 Hauptäste notieren 35
Abb. 10 Hervorheben der Haupteinträge 36
Abb. 11 Bring Farbe ins Spiel 37
Abb. 12 Hinzufügen der Einzelaufgaben 39
Abb. 13 Aus einer To-do-Liste wird ein Chaos 40
Abb. 14 Mit dem fertigen Plan in die Woche 41
Abb. 15 Die Eisenhower-Matrix 43
Abb. 16 Das bessere Eisenhower-Modell 46
Abb. 17 Die WochenMindmap mit den ABC-Prioritäten 49
Abb. 18 Die Tagesplanungskarte – noch ohne Einträge 51
Abb. 19 Datum und Woche im Tageskalender 52
Abb. 20 Tagesplan mit eingetragenen Terminen 53
Abb. 21 Der heutige Tag mit seinen drei To-dos 57
Abb. 22 Tagesplanung mit M.I.T. und Nummer 2 und 3 60
Abb. 23 Die Abhake-Methode: Erst halb dann ganz 64
Abb. 24 Immer nur eine weitere Aufgabe hinzunehmen 65
Abb. 25 Abhaken – mal klappt viel, mal wenig 71
Abb. 26 Durch Abhaken aus der WochenSicht lernen 74
Abb. 27 Der Planen-Machen-Abhaken-Lernen – Kreislauf 89

Ein Dankeschön
An dich

Danke, dass du dir die Zeit genommen hast, mein Praxistool kennenzulernen.
Jeder auch noch so kleine Erfolg, den du mit meiner Hilfe erreichen konntest, freut mich persönlich. Ich habe mir viel Zeit genommen, den *MindmapWochenPlaner* zu entwickeln und immer wieder praktisch anzuwenden. Meine Motivation für die Erstellung und Gestaltung dieser Schritt-für-Schritt-Anleitung war es, dass sie auch **dein Selbstmanagement erleichtert und dich täglich unterstützt.**

An alle Unterstützer

An meine Frau und meinen Sohn – für den Rückhalt und die Unterstützung in der Zeit, in der ich mal wieder an dieser Anleitung getippt oder an der Praxis-Box gearbeitet habe.
An Tom – für den regen Austausch und all die guten und schönen Gespräche.
An Michaela und Markus – für die Ideen zum Konzept und die Hilfe beim Lektorat.
An alle lieben Freunde und Menschen, die mir so viel positives Feedback und immer wieder den nötigen Ansporn gegeben haben, dieses Projekt anzupacken und fertig zu stellen.

Dein Feedback

Wenn du Fragen, Hinweise oder konstruktive Kritik an mich richten möchtest, dann kontaktiere mich. Ich bin immer offen und freue mich auf den persönlichen Austausch. Schreib mir deine Erfahrungen und auch deine Kritikpunkte. So kann ich dieses und weitere Tools stetig verbessern und erweitern.

Und so kannst du mich erreichen:
- E-Mail an email@michaelzankl.com oder
- über die social media-Kanäle und das Online-Kontaktformular unter www.michaelzankl.com

Meine Wünsche für deine Zukunft
So bleibt mir nur noch, dir viel Erfolg und viele neue Erfahrungen für dein persönliches Selbstmanagement und deine Tagesorganisation zu wünschen.

> Dein Tag.
> Deine Woche.
> Dein Leben.
> Mach das Beste draus!

Weitere nützliche Inhalte findest du unter
www.michaelzankl.com

Printed in Germany
by Amazon Distribution
GmbH, Leipzig